Cuaderno de ejercicios para ahorrar dinero

© 2023 Antonio Vallardi Editore
© 2023 Adriano Salani Editore, por esta edición
Publicado en España en 2023 por Magazzini Salani, un sello de Adriano
Salani Editore s.u.r.l.
Gruppo editoriale Mauri Spagnol, Milán, Italia

Primera edición: noviembre de 2023

Proyecto y diseño: PEPE nymi
Ilustraciones: Riccardo Gola
Maquetación: Andrea Balconi
Traducción: Jose López

ISBN: 979-12-5957-343-8
Impreso en Italia

Cuaderno de ejercicios para ahorrar dinero

52
DESAFÍOS
PARA JUNTAR
10.000 €
EN UN AÑO

Kamei Ryogoku

A los que tienen un sueño
y se esfuerzan todos los días para alcanzarlo.

ÍNDICE

INTRODUCCIÓN

ÍNDICE

INTRODUCCIÓN

No hay ganancia más segura
que la de mantener lo que ya se tiene.
Publilio Siro (siglo I a. C.)

Ya lo decían los sabios en la antigüedad: ahorrar es la forma más segura de tener dinero. No obstante, en el mundo de hoy, **ahorrar no siempre es fácil**: las oportunidades para gastar —y, sobre todo, las invitaciones a que lo hagamos— son muy frecuentes; rara vez podemos permitirnos reservar una parte importante de nuestro sueldo y, además, la desorganización a menudo nos lleva a ser descuidados con nuestros gastos.

¡Pero aquí estamos! Si has comprado este libro es porque **quieres que te echemos una mano para ahorrar** y conseguir así tus objetivos: ya sea un pequeño extra para hacer algo especial, para un fondo de emergencia o, simplemente, para mejorar tu situación financiera, los retos de este libro te ayudarán a ello.

Estos **retos** están divididos según las estaciones: un modo fácil para ahorrar de manera constante durante las distintas **épocas del año**. Dependiendo del momento, el libro te ayudará a ahorrar para objetivos concretos: los regalos de Navidad, las vacaciones, los cumpleaños o las noches de discoteca... ¡cada cual según sus gustos y necesidades! En algunos casos, el reto requerirá que pongas en marcha nuevos hábitos: una forma estupenda de ponerse a prueba y mejorar tu día a día.

Son pruebas sencillas y divertidas que no solo tienen en cuenta el bolsillo, sino también el **bienestar** y la **sostenibilidad**: dada la situación actual, consumir de manera responsable y consciente evitando el despilfarro no solo es bueno para ti, también lo es para el planeta.

En definitiva, en tus manos tienes una excelente herramienta con la que invertir en tu futuro financiero: ¡aprovéchala y diviértete!

Cómo utilizar este libro:

- Cuando elijas el reto que quieras realizar, sabrás inmediatamente la cantidad que obtendrás si consigues completarlo entero.
- Utiliza sobres, huchas o botes para guardar el dinero. Márcalos escribiendo en ellos el nombre del reto para ver el buen trabajo realizado.
- Puedes pintar los dibujos del libro con los colores que prefieras: ¡decorarlos y hacerlos bonitos será una satisfacción extra!
- En algunos casos, el reto tiene un plazo concreto. En otros, en cambio, el tiempo para ahorrar dependerá solo de ti, ¡pero no tardes demasiado!

LOS MEJORES
RETOS PARA UN
INVIERNO
DE AHORRO

···

DIVIÉRTETE GANANDO UN
MONTÓN DE DINERO

AHORRO
EXPRESO

CADA ☕ = **10 €**

Si logras completarlo = **100 €**

¿VAMOS DE FINDE?

¡Ahorra y vete de viaje a tu lugar favorito!

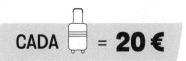

CADA = **20 €**

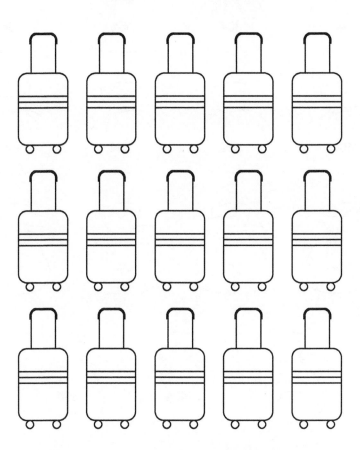

Si logras completarlo = **300 €**

MIL EUROS
EN UN MES

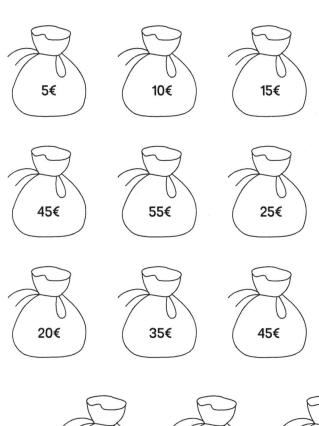

Un compromiso diario para un objetivo
de ahorro extraordinario.

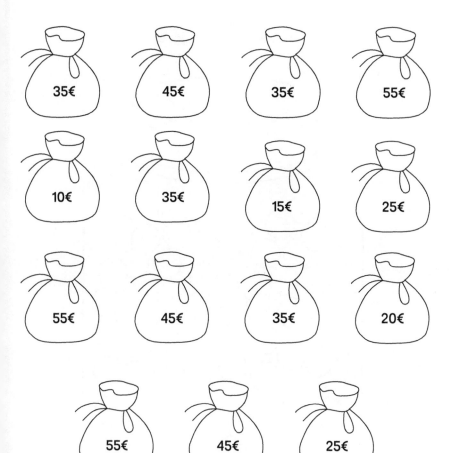

Si logras completarlo = 1.000 €

EL RETO **DE LOS 2 €**

Vacía los bolsillos y empieza a llenar el tarro, ¡2 € cada vez!

CADA ◯ = **2 €**

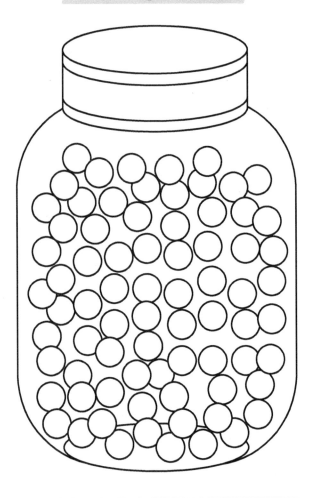

Si logras completarlo = 150 €

LLUVIA DE AHORROS

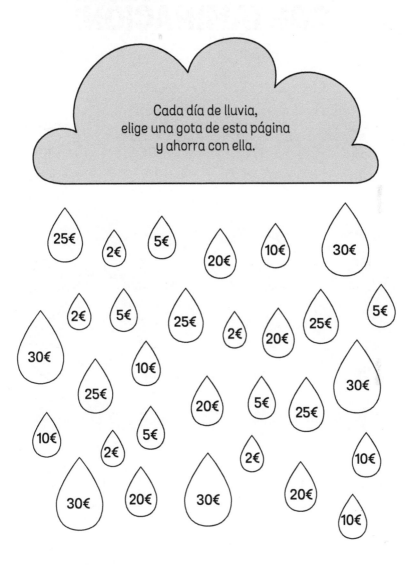

Cada día de lluvia,
elige una gota de esta página
y ahorra con ella.

Si logras completarlo = 460 €

¡STOP
CONTAMINACIÓN!

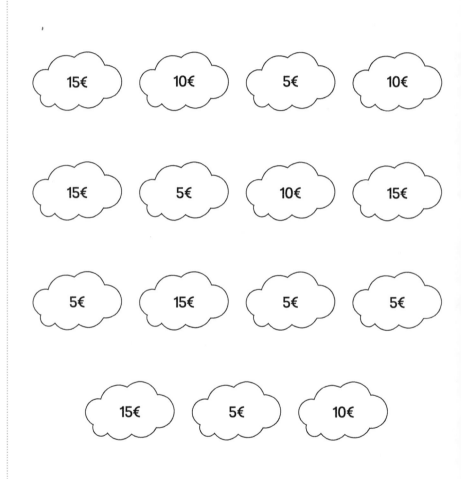

SALVA EL PLANETA Y TU CARTERA. Cada vez que no uses el coche para tus desplazamientos del día a día, guarda una cantidad pequeña de dinero. Lo agradecerás tú y también el planeta.

Si logras completarlo = **300 €**

MARCHANDO LA PIZZA
DEL AHORRO

Cada vez que comas pizza, guarda una pequeña porción de dinero.
Lo ves, ahorrar no es tan aburrido.

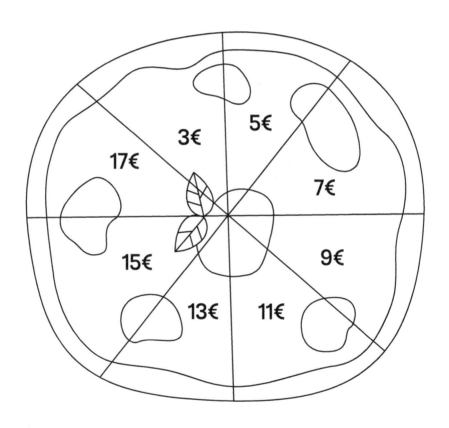

Si logras completarlo = 80 €

EL RETO DE **SAN VALENTÍN**

Prepara un regalo bonito a quien más quieras (¡también vale para uno mismo!): colorea cada uno de los 50 fragmentos conforme vayas guardando dinero, tú decides la cantidad. ¡Los mejores regalos son los que se hacen con el corazón!

CADA FRAGMENTO = ... **€**

Si logras completarlo = ... **€**

EL RETO DE LOS
50 SOBRES

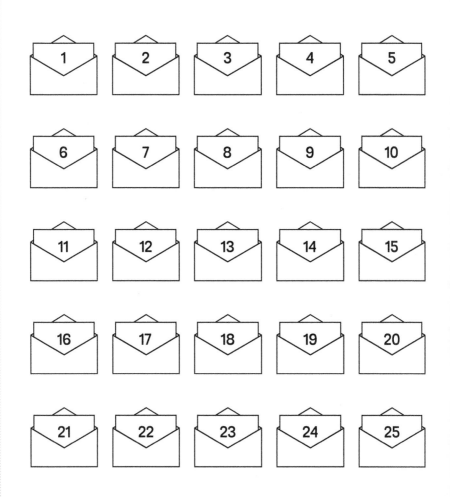

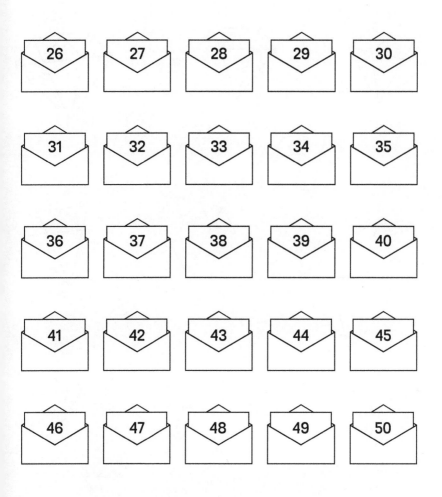

Con un sobre para cada ocasión,
¡ahorrarás más de 1.000 € sin darte cuenta!

Si logras completarlo = **1.275 €**

AHORRA, TESORO

CADA  = **10 €**

Guarda pequeños tesoros
para hacer algo especial, ¡como tú!

Si logras completarlo = 400 €

LLUVIA DE REGALOS

Ahorra para los regalos de Navidad sin pensar en ello.

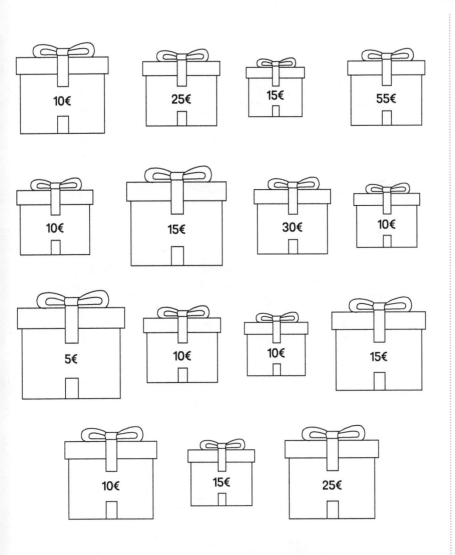

Si logras completarlo = 500 €

¿QUÉ HARÁS EN FIN DE AÑO?

CADA 🥂 = **20 €**

Cualquiera que sea tu idea para Fin de Año,
prepárate para lo mejor ahorrando un poco.

Si logras completarlo = **300 €**

SI LA VIDA
TE DA LIMONES

CADA 🍋 = **2 €**

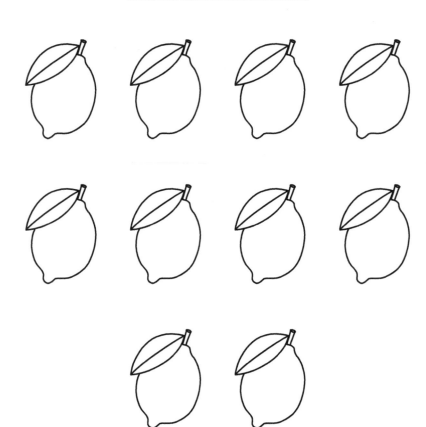

... haz limonada. Aprovecha este reto para ahorrar
sin darte cuenta ¡y con un toque cítrico!

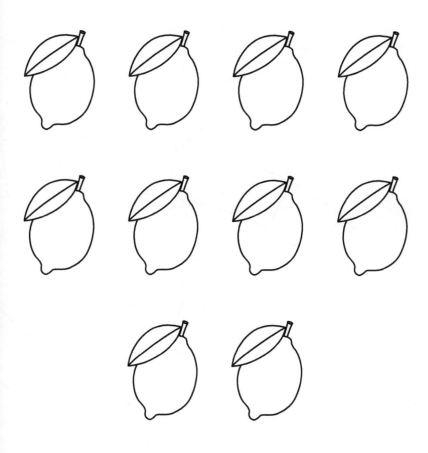

Si logras completarlo = **40 €**

EL CAMINO A LA **NAVIDAD**

CADA ☐ = **5 €**

Prepárate para las fiestas de Navidad avanzando paso a paso.

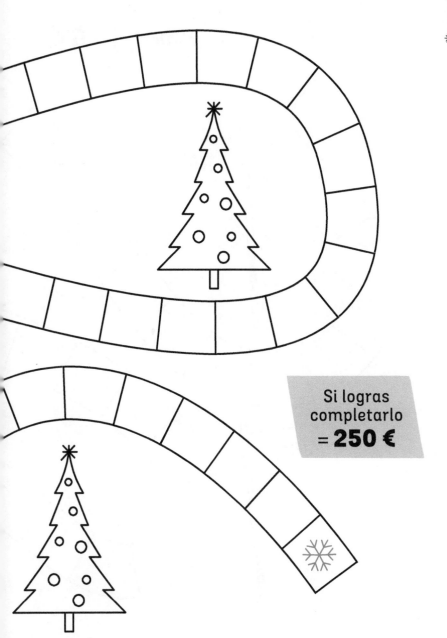

Si logras
completarlo
= **250 €**

¡ABRAN PASO!

CADA ☐ = **5 €**

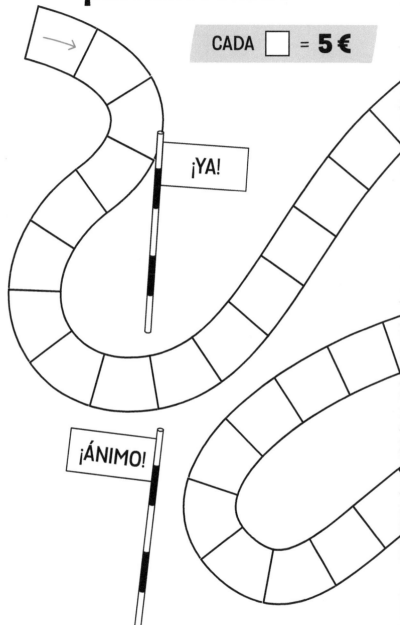

Gana la medalla de oro en el eslalon especial del ahorro.

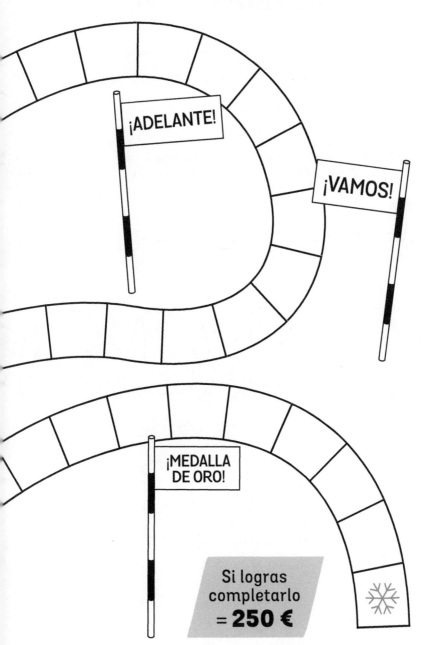

¡ADELANTE!

¡VAMOS!

¡MEDALLA
DE ORO!

Si logras
completarlo
= **250 €**

FASHION VICTIM

CADA 🧥 = **5 €**

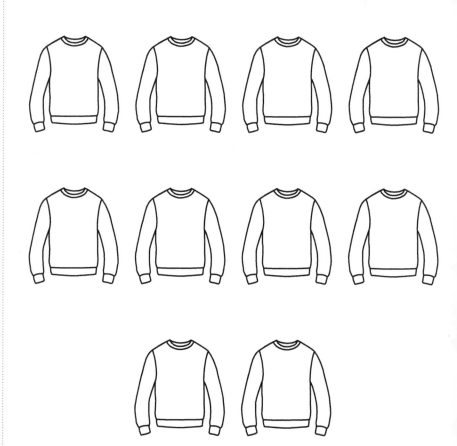

Cada vez que mires un escaparate o estés llenando el carrito de una tienda online... recuerda que puedes ahorrar ese dinero y comprar el artículo más adelante (e incluso comprar algo mejor).

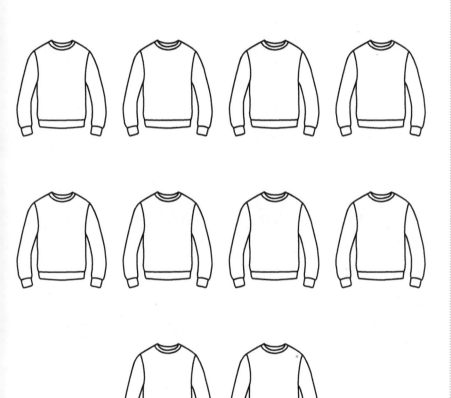

Si logras completarlo = 100 €

AHORRO ENERGÉTICO

CADA 💡 = **3 €**

Pasa una noche con las luces apagadas usando solo velas para iluminarte: además de ahorrar, disfrutarás de un ambiente agradable y relajado. Colorea una bombilla cada vez que lo hagas.

Si logras completarlo = 90 €

LA DULZURA
DEL **AHORRO**

AHORRAR PARA:

AHORRO TOTAL:

UN TOTAL DE 100 HEXÁGONOS

⬡ = ... €

10 % = ... €, COMPLETADO EL ....

20 % = ... €, COMPLETADO EL ....

30 % = ... €, COMPLETADO EL ....

40 % = ... €, COMPLETADO EL ....

50 % = ... €, COMPLETADO EL ....

60 % = ... €, COMPLETADO EL ....

70 % = ... €, COMPLETADO EL ....

80 % = ... €, COMPLETADO EL ....

90 % = ... €, COMPLETADO EL ....

100 % = ... €, COMPLETADO EL ....

Ahorra para un proyecto especial, llevando las cuentas con este panal, tal como lo haría una abeja aplicada.

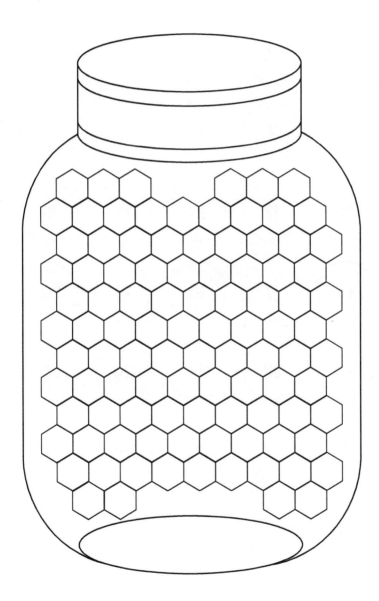

DESAFÍO: **NO GASTAR**

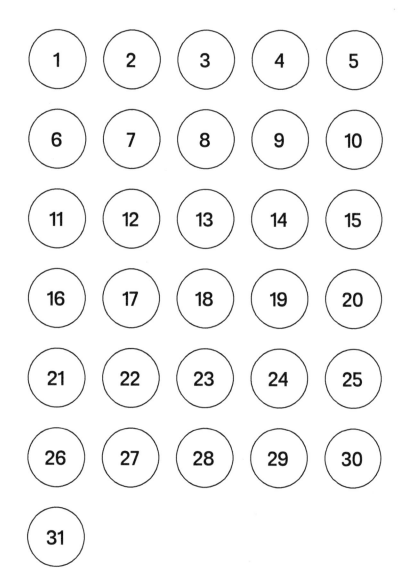

Elige una categoría o ámbito en el que no vayas a gastar durante un mes. Esta será una manera de eliminar algunos caprichos que no te permiten ahorrar. Pinta de verde los días en que hayas cumplido el objetivo y de color rojo aquellos en los que no.

COSAS QUE DEBES EVITAR COMPRAR:

EXCEPCIONES:

EL RETO
DEL **TERMÓMETRO**

MIS AHORROS DE INVIERNO

Durante todo el invierno, cada miércoles comprueba
la temperatura media: convierte el número de grados en euros.
¡Ahorra con el tiempo meteorológico!

	GRADOS	EUROS
Semana 1		
Semana 2		
Semana 3		
Semana 4		
Semana 5		
Semana 6		
Semana 7		
Semana 8		
Semana 9		
Semana 10		
Semana 11		
Semana 12		
Semana 13		

AHORRA A TU RITMO

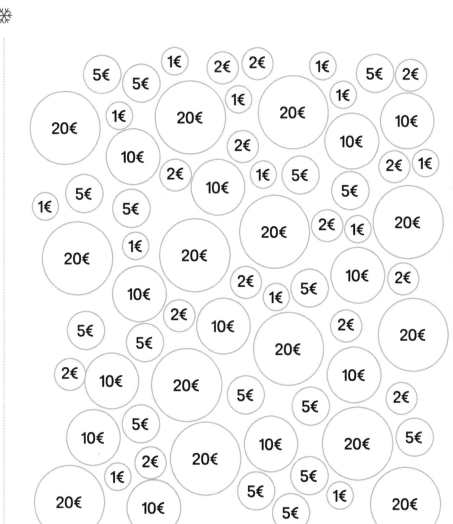

Escoge una cifra, guarda esa cantidad y colorea el círculo.
Sencillo, ¿verdad?

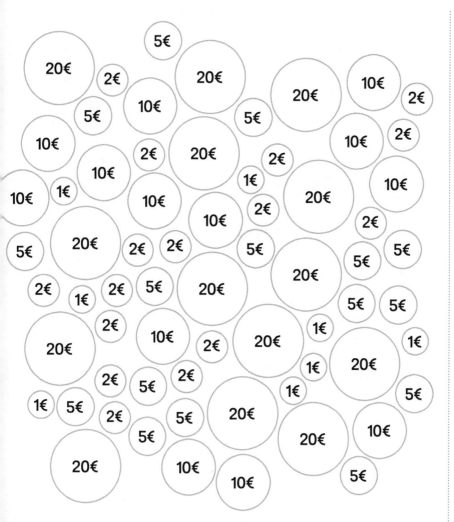

Total ahorrado = ... €

AHORRA VENDIENDO

Para ganarte un extra, puedes vender online cualquier cosa que ya no quieras o ya no uses. Lleva las cuentas de tus ganancias con esta cuadrícula y guárdalas en una hucha.

OBJETO	PLATAFORMA	GANANCIAS

DESAFÍO: **SOLO AGUA**

CADA ☐ = **5 €**

Si logras completarlo = 35 €

Durante una semana bebe solamente agua: le irá bien
a tu cuerpo y también a tu bolsillo. Solo agua: nada de té, ni café,
ni cerveza, ni zumo, ni licores, ni vino... ¡simplemente agua!
Por cada día que cumplas el reto, colorea una porción del vaso.
Y si le coges el gustillo, ¡no dudes en repetirlo!

Si logras completarlo = 35 €

EL RETO DE LA **PASTA**

CADA = **2€**

Ahorra energía y dinero cada vez que prepares pasta. ¿Cómo?
Hierve el agua con la olla tapada. Cuando hierva, añade la pasta,
vuelve a poner la tapa y apaga el fuego. La pasta se cocerá
igualmente y tú estarás ahorrando. Cada vez que lo hagas,
colorea las ilustraciones y guarda el dinero correspondiente.

Si logras completarlo = 40 €

SOFÁ Y MANTA

CADA = **10 €**

Hay días en que lo último que te apetece es salir de casa:
¡sin problema! Una noche de relax también es una forma de ahorrar
dinero: cada vez que decidas no salir y quedarte de sofá
y manta en casa, añade una pequeña cantidad a la hucha.
Así tendrás más dinero para salir y divertirte cuando te apetezca.

Si logras completarlo = 180 €

LOS MALOS **HÁBITOS**

¿Tienes algún mal hábito que quieras abandonar?
¿Te gustaría dejar de fumar, de llegar tarde, de tomar comida
basura...? ¿Otro? Anota aquí el dinero que gastas cada vez
que hagas eso que quieres dejar. En este reto, el objetivo
no es solo ahorrar, sino también mejorar tu estilo de vida.

NOMBRE:

....

**MAL HÁBITO
O COSTUMBRE:**

FECHA	MULTA

LOS RETOS
MÁS LINDOS PARA UNA
PRIMAVERA
DE AHORRO

DIVIÉRTETE GANANDO UN
MONTÓN DE DINERO

MIL EUROS
EN UN MES

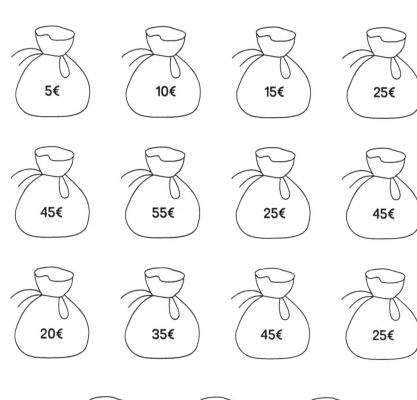

5€ 10€ 15€ 25€

45€ 55€ 25€ 45€

20€ 35€ 45€ 25€

35€ 45€ 35€

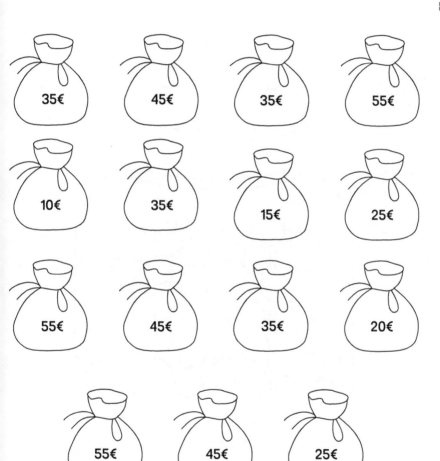

Un compromiso diario para un objetivo
de ahorro extraordinario.

Si logras completarlo = **1.000 €**

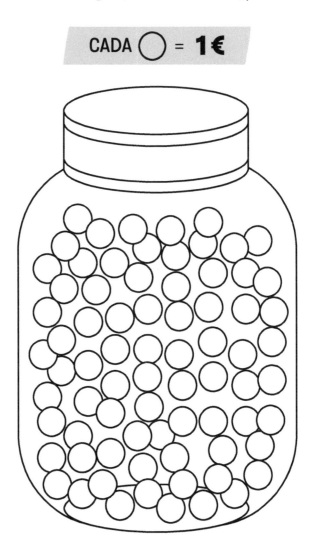

EL RETO **DE 1€**

Vacía los bolsillos y empieza a llenar el tarro, ¡1 € cada vez!

CADA ◯ = **1€**

Si logras completarlo = **75 €**

FLORECIENDO EL AHORRO

Cada día soleado escoge una flor
de esta página y guarda esa cantidad.

Si logras completarlo = 460 €

EL RETO DE LOS
50 SOBRES

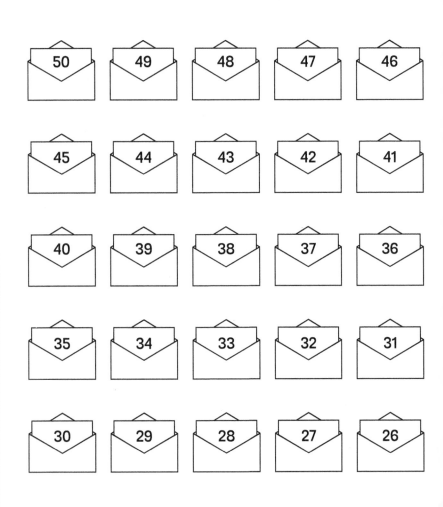

Con un sobre para cada ocasión,
¡ahorrarás más de 1.000 € sin darte cuenta!

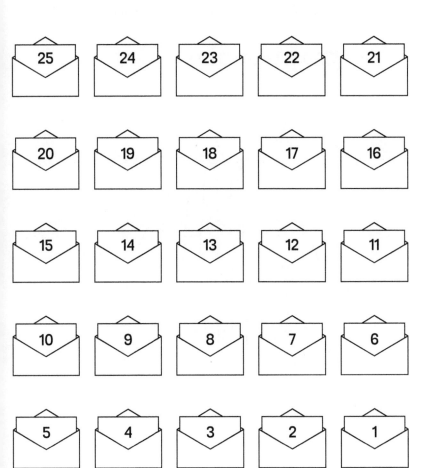

Si logras completarlo = 1.275 €

EL RETO DE **PASCUA**

Prepara un regalo bonito para un ser querido (¡también vale para uno mismo!): colorea cada uno de los 50 fragmentos conforme vayas guardando dinero, tú decides la cantidad. ¡El chocolate siempre es un buen regalo!

CADA FRAGMENTO = ·············

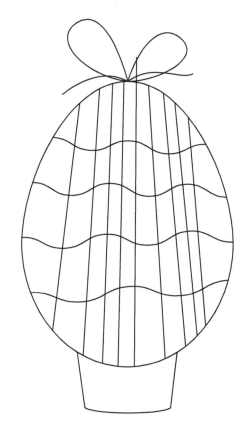

Si logras completarlo = ·············

AHORRO
RELÁMPAGO

CADA ⚡ = **10 €**

Si logras completarlo = **100 €**

AHORRO ENERGÉTICO

CADA 💡 = **3 €**

Pasa una noche con las luces apagadas usando solo las velas para iluminarte: además de ahorrar, disfrutarás de un ambiente agradable y relajado. Colorea una bombilla cada vez que lo hagas.

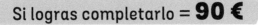

Si logras completarlo = **90 €**

LA ABEJA REINA
DEL AHORRO

AHORRAR PARA:

AHORRO TOTAL:

UN TOTAL DE 100 HEXÁGONOS

⬡ = ... €

10 % = ... €, COMPLETADO EL ....

20 % = ... €, COMPLETADO EL ....

30 % = ... €, COMPLETADO EL ....

40 % = ... €, COMPLETADO EL ....

50 % = ... €, COMPLETADO EL ....

60 % = ... €, COMPLETADO EL ....

70 % = ... €, COMPLETADO EL ....

80 % = ... €, COMPLETADO EL ....

90 % = ... €, COMPLETADO EL ....

100 % = ... €, COMPLETADO EL ....

Ahorra para un proyecto especial, llevando las cuentas con este panal tal como lo haría una abeja aplicada.

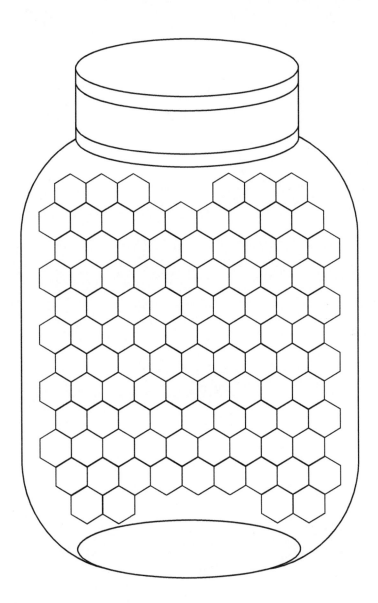

AHORRA, PEQUEÑA

CADA 🔷 = **5€**   CADA 🌸 = **5€**

Colecciona estos pequeños tesoros para hacer algo especial, ¡como tú!

Si logras completarlo = 200 €

LLUVIA DE CUMPLEAÑOS

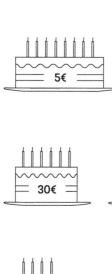

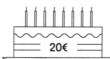

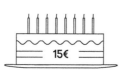

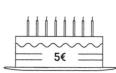

¡En esta época del año hay un montón de cumpleaños!
Ahorra para los regalos de tus amigos sin darte cuenta.

 10€
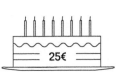 25€
 15€
 55€

 10€
 15€
 30€
 10€

 5€
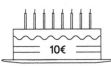 10€
 10€
 15€

 10€
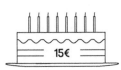 15€
 25€

Si logras completarlo = 500 €

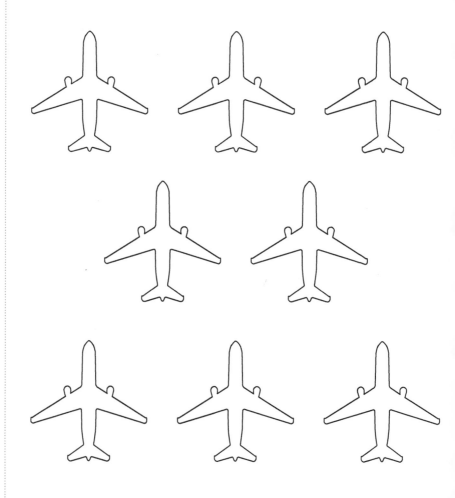

¿QUÉ HARÁS ESTE VERANO?

CADA ✈ = **20 €**

Cualquiera que sea tu idea para las vacaciones,
ahorra para disfrutarlas aún más.

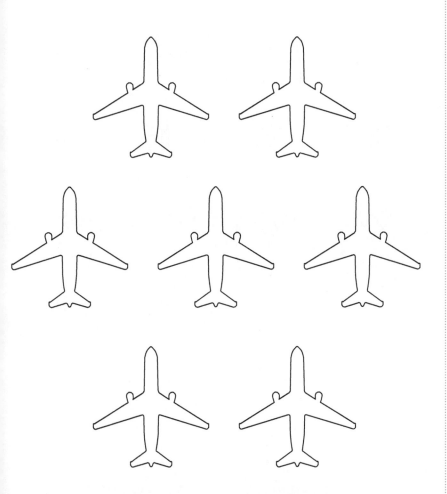

Si logras completarlo = 300 €

¡**FELIZ** PRIMAVERA!

CADA  = **2 €**

 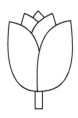 

No hay flores más bonitas que aquellas que plantas
y ves crecer en tu propio jardín. En primavera,
haz que también florezca tu economía.

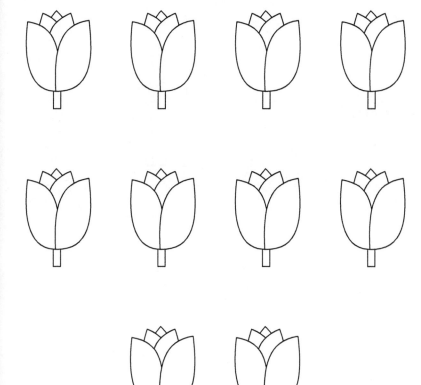

Si logras completarlo = 40 €

RUMBO AL **VERANO**

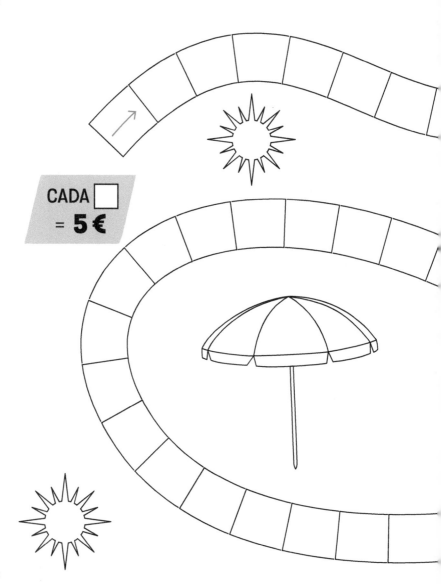

CADA ☐
= **5 €**

Paso a paso, prepárate para las vacaciones de verano.

Si logras
completarlo
= **250 €**

¡SÚBETE A LA BICI!

¡ÁNIMO!

CADA ☐ = **5 €**

Gana la medalla de oro en el Tour del Ahorro.

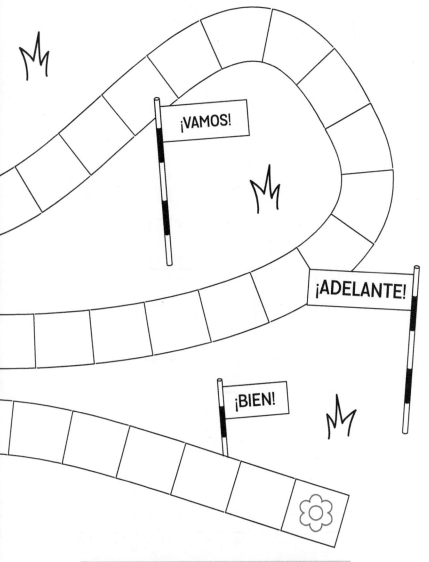

Si logras completarlo = **250 €**

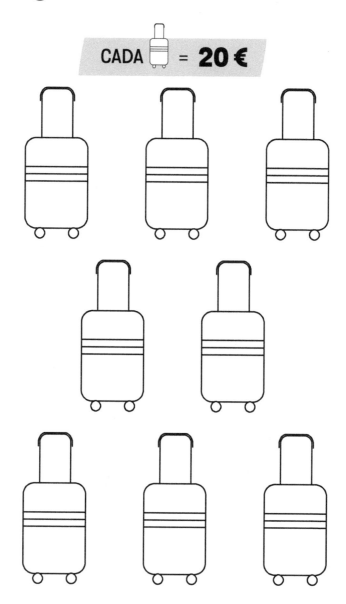

¿VAMOS DE FINDE?

CADA = 20 €

¡Ahorra y vete de viaje a tu lugar favorito!

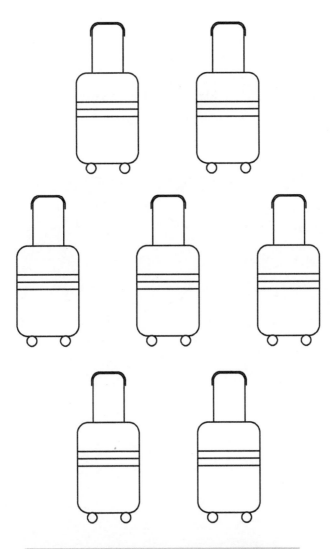

Si logras completarlo = 300 €

¡STOP
CONTAMINACIÓN!

SALVA EL PLANETA Y TU CARTERA. Cada vez que no uses el coche para tus desplazamientos del día a día, guarda una de estas cantidades. ¡Así también te lo agradecerá el planeta!

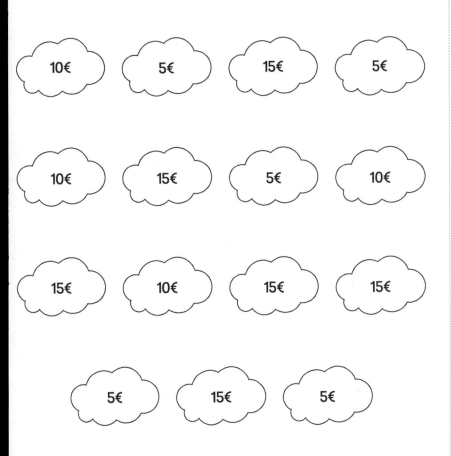

Si logras completarlo = **300 €**

DESAFÍO: **NO GASTAR**

1 2 3 4 5

6 7 8 9 10

11 12 13 14 15

16 17 18 19 20

21 22 23 24 25

26 27 28 29 30

31

Elige una categoría o ámbito en el que no vayas a gastar durante un mes. Esta será una manera de eliminar algunos caprichos que no te permiten ahorrar. Pinta de verde los días en que hayas cumplido el objetivo y de color rojo aquellos en los que no.

COSAS QUE DEBES EVITAR COMPRAR:

EXCEPCIONES:

REUTILIZA REGANA

CADA 🧴 = **2 €**

LA FILOSOFÍA DE USAR Y TIRAR HA LLEGADO A SU FIN.

¡Y ya era hora! Reutilizar un objeto significa evitar que se convierta en basura, pero también implica ahorro. Por ejemplo: en vez de tirar las botellas de plástico, puedes convertirlas en macetas para un huerto vertical. Basta con hacer una abertura rectangular en el centro de la botella, rellenarla de tierra, plantar semillas o algunos brotes y colocarla en un soporte o colgarla con cuerdas y cintas: ¡cuantas más hagas, más bonito quedará! También puedes pintarlas y decorarlas para que queden supercuquis. Y, de paso, estarás ahorrando.

Si logras completarlo = **30 €**

AHORRA A TU RITMO

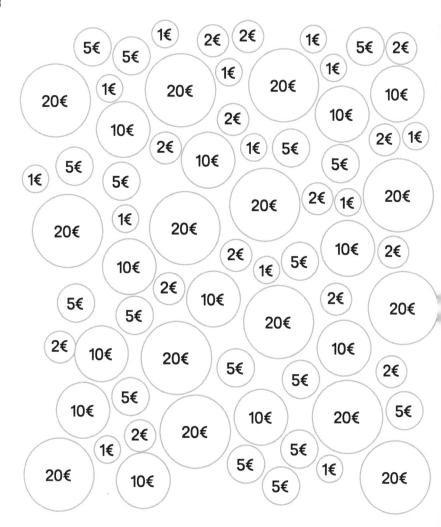

Escoge una cifra, guarda esa cantidad y colorea el círculo.
Sencillo, ¿verdad?

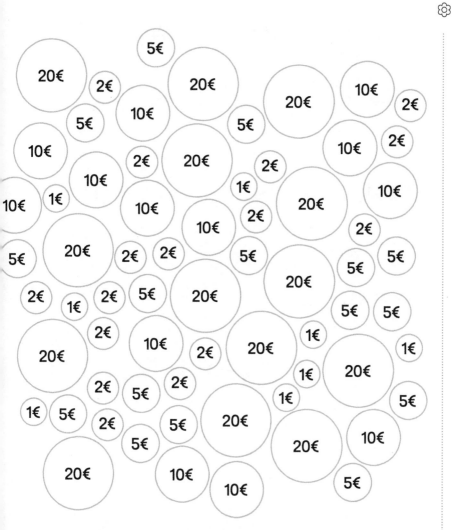

Total ahorrado = ... €

DESAFÍO: **LIMPIEZA DE PRIMAVERA**

CADA 🔷 = **2€**   CADA 🍋 = **2€**

Ahorra cada vez que limpies la casa. ¿Cómo? Aprovecha las propiedades del vinagre y del limón en vez de comprar productos de limpieza. En internet encontrarás un montón de trucos para ello. Menos plástico, menos gasto y la casa igual de brillante. Cada vez que lo hagas, pinta una de las ilustraciones y sigue ahorrando.

Si logras completarlo = **80 €**

AHORRA VENDIENDO

Para ganarte un extra, puedes vender online cualquier cosa que ya no quieras o ya no uses. Lleva las cuentas de tus ganancias con esta cuadrícula y guárdalas en una hucha.

OBJETO	PLATAFORMA	GANANCIAS

DESAFÍO: **SOLO AGUA**

CADA ☐ = **10 €**

Si logras completarlo = **70 €**

Durante una semana bebe solamente agua: le irá bien a tu cuerpo y también a tu bolsillo. Solo agua: nada de té, ni café, ni cerveza, ni zumo, ni licores, ni vino... ¡simplemente agua!
Por cada día que cumplas el reto, colorea una porción del vaso.
Y si le coges el gustillo, ¡no dudes en repetirlo!

Si logras completarlo = 70 €

SOFÁ E INFUSIÓN

CADA  = **10 €**

Las noches en que solo quieras descansar y no te apetezca salir, también pueden ser provechosas. Es una gran oportunidad para ahorrar: cada vez que no salgas y decidas quedarte en casa tomándote una infusión, guarda una pequeña cantidad de dinero. Así tendrás más para cuando te apetezca salir.

Si logras completarlo = 150 €

EL RETO DEL
TERMÓMETRO

MIS AHORROS DE PRIMAVERA

Durante toda la primavera, cada miércoles comprueba la temperatura media y convierte el número de grados en euros. ¡Ahorra con el tiempo meteorológico!

	GRADOS	EUROS
Semana 1		
Semana 2		
Semana 3		
Semana 4		
Semana 5		
Semana 6		
Semana 7		
Semana 8		
Semana 9		
Semana 10		
Semana 11		
Semana 12		
Semana 13		

LOS MALOS **HÁBITOS**

¿Tienes algún mal hábito que quieras abandonar?
¿Te gustaría dejar de fumar, de llegar tarde, de tomar comida
basura...? ¿Otro? Anota aquí el dinero que gastas cada vez
que hagas eso que quieres dejar. En este reto, el objetivo
no es solo ahorrar, sino también mejorar tu estilo de vida.

NOMBRE:

....

**MAL HÁBITO
O COSTUMBRE:**

....

....

....

....

....

....

....

....

....

....

....

....

FECHA	MULTA

LOS RETOS

MÁS ALUCINANTES PARA UN

VERANO

DE AHORRO

·······································

DIVIÉRTETE GANANDO UN

MONTÓN DE DINERO

(CASI) 500 EUROS
EN UN MES

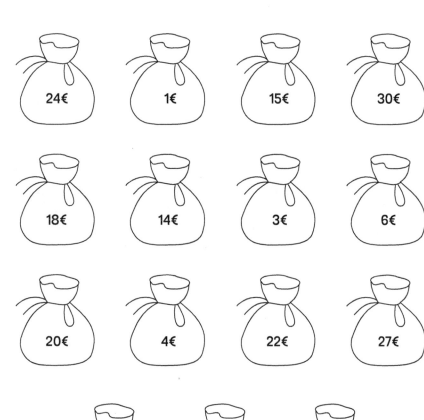

24€   1€   15€   30€

18€   14€   3€   6€

20€   4€   22€   27€

26€   5€   7€

Un compromiso diario para un objetivo
de ahorro extraordinario.

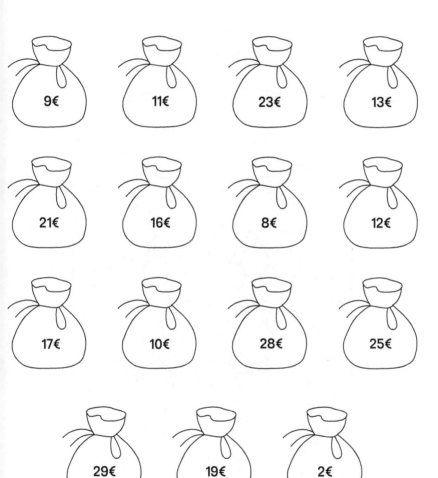

Si logras completarlo = **465 €**

EL RETO **DE LOS 50 CÉNTIMOS**

Vacía los bolsillos y empieza a llenar el tarro, ¡0,5 € cada vez!

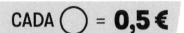

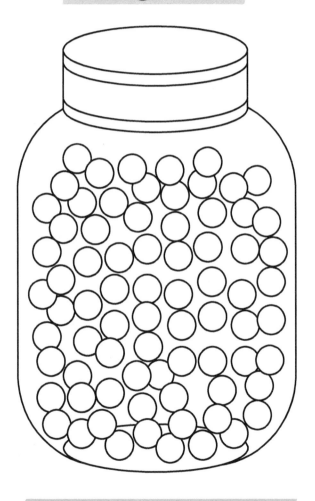

Si logras completarlo = 37,5 €

AHORRO
RÁPIDO

CADA  = **10 €**

 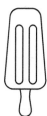 

Si logras completarlo = **100 €**

EL RETO DE LOS
50 SOBRES

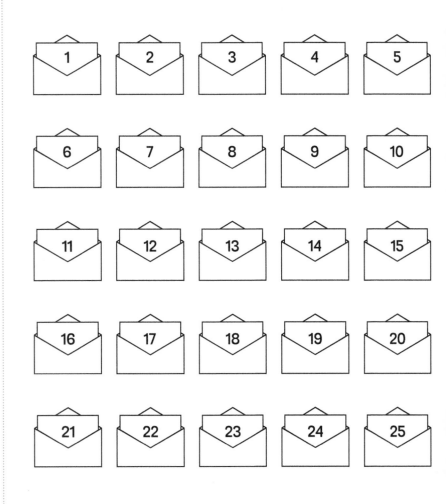

Con un sobre para cada ocasión,
¡ahorrarás más de 1.000 € sin darte cuenta!

Si logras completarlo = 1.275 €

UN AHORRO
BIEN FRESQUITO

Cada vez que te tomes un helado, guarda el equivalente a uno de los fragmentos. ¡Ahorrar puede ser delicioso!

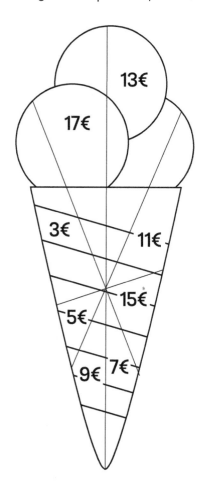

Si logras completarlo = **80 €**

EL RETO **DEL GIRASOL**

Cada vez que haya un día soleado,
escoge una de estas flores y ahorra con ella.

Si logras completarlo = 460 €

AHORRO ENERGÉTICO

CADA 💡 = **3 €**

Pasa una noche con las luces apagadas usando solo velas para iluminarte: además de ahorrar, disfrutarás de un ambiente agradable y relajado. Colorea una bombilla cada vez que lo hagas.

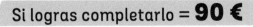

Si logras completarlo = **90 €**

COLMENA
DEL AHORRO

AHORRAR PARA:

AHORRO TOTAL:

UN TOTAL DE 100 HEXÁGONOS

⬡ = ... €

10 % = ... €, COMPLETADO EL ....

20 % = ... €, COMPLETADO EL ....

30 % = ... €, COMPLETADO EL ....

40 % = ... €, COMPLETADO EL ....

50 % = ... €, COMPLETADO EL ....

60 % = ... €, COMPLETADO EL ....

70 % = ... €, COMPLETADO EL ....

80 % = ... €, COMPLETADO EL ....

90 % = ... €, COMPLETADO EL ....

100 % = ... €, COMPLETADO EL ....

Ahorra para un proyecto especial, llevando las cuentas con este panal, tal como lo haría una abeja aplicada.

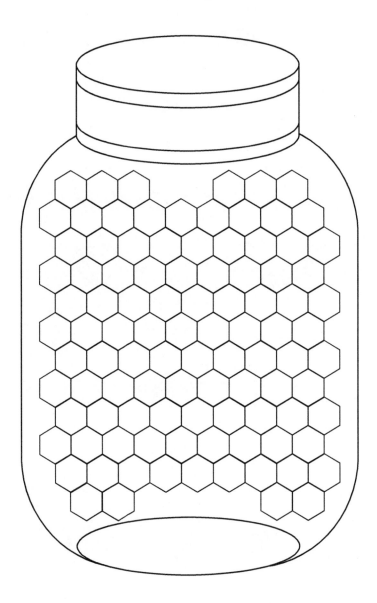

DESLUMBRA
Y AHORRA

CADA ◇ = **10 €**   CADA ✺ = **5 €**

¡Nunca dejes de ahorrar y brillar!

Si logras completarlo = 300 €

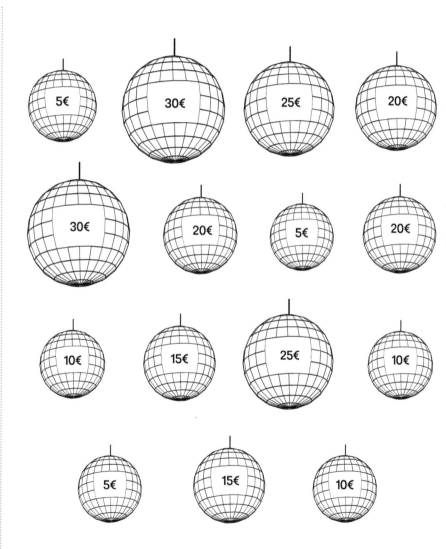

QUE NO PARE **LA FIESTA**

¡En esta época hay tantas fiestas! Ahorra para salir y diviértete sin preocupaciones.

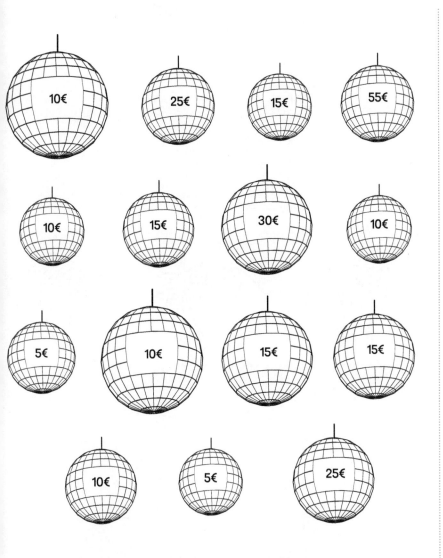

Si logras completarlo = **500 €**

¿DÓNDE IRÁS DE VACACIONES?

Aunque no tengas nada decidido, no te preocupes.
¡Puedes ahorrar y organizarte un viaje *low cost*!

Si logras completarlo = 300 €

CANCIÓN DEL **VERANO**

CADA ☀ = **20 €**

En verano, con el dinero pasa como con la canción de moda:
llega y se marcha sin darte cuenta.
¡Por suerte, puedes empezar a ahorrar ahora!

EL RECORRIDO **DEL VERANO**

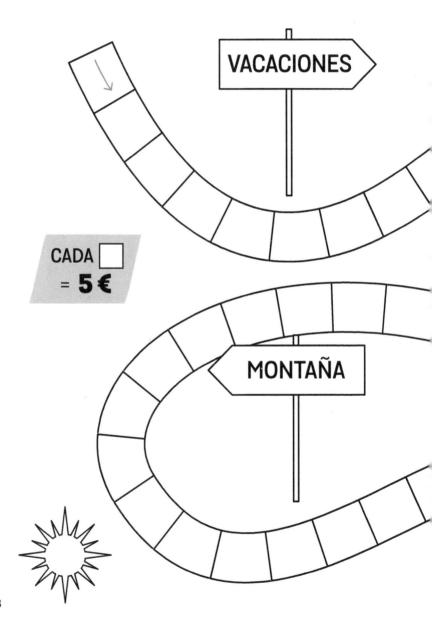

VACACIONES

CADA ☐ = **5 €**

MONTAÑA

Poco a poco, ahorra antes de marcharte.

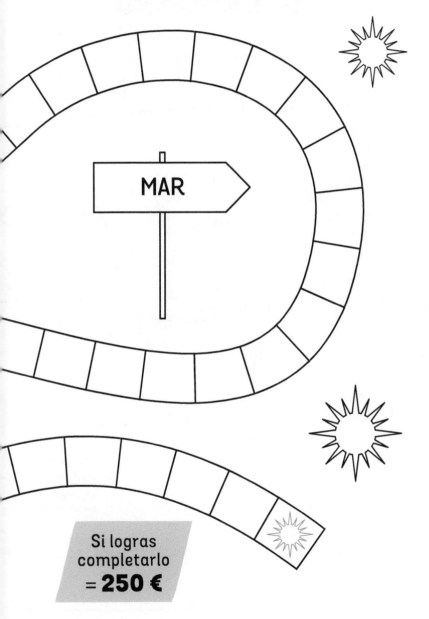

Si logras completarlo = **250 €**

LA MARATÓN
DEL AHORRO

CADA ☐ = **5 €**

¡YA LO TIENES!

Si logras completarlo = **250 €**

Gana la medalla de oro en la olimpiada del ahorro.

¿VAMOS DE FINDE?

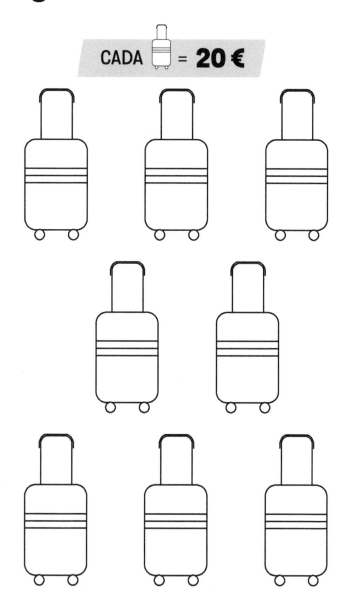

CADA 🧳 = **20 €**

¡Ahorra y vete de viaje a tu lugar favorito!

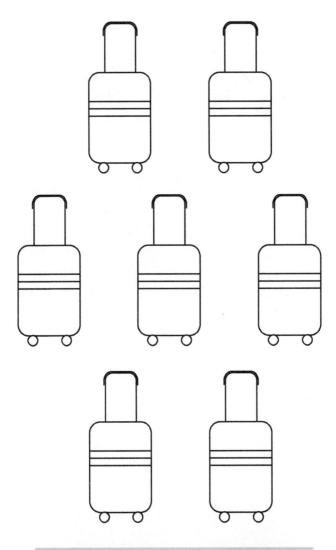

Si logras completarlo = **300 €**

¡STOP
CONTAMINACIÓN!

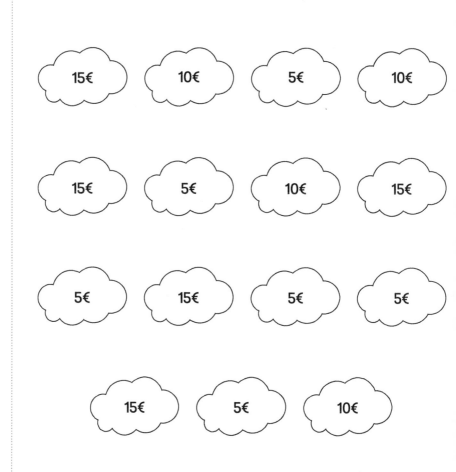

SALVA EL PLANETA Y TU CARTERA. Cada vez que no uses el coche para tus desplazamientos del día a día, guarda una cantidad pequeña de dinero. Lo agradecerás tú y también el planeta.

Si logras completarlo = **300 €**

DESAFÍO: **NO GASTAR**

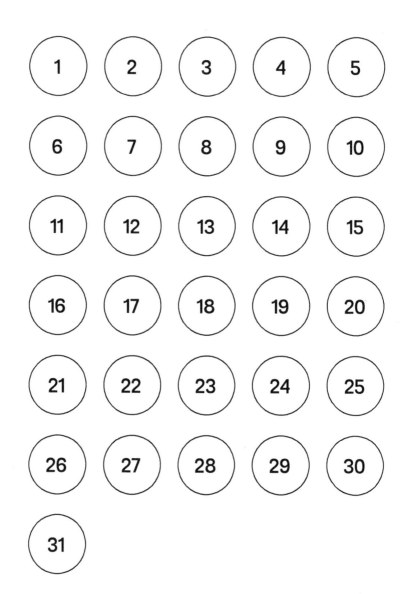

Elige una categoría o ámbito en el que no vayas a gastar durante un mes. Esta será una manera de eliminar algunos caprichos que no te permiten ahorrar. Pinta de verde los días en que hayas cumplido el objetivo y de color rojo aquellos en los que no.

COSAS QUE DEBES EVITAR COMPRAR:

EXCEPCIONES:

REUTILIZA REGANA

CADA 🫙 = **2 €**

LA FILOSOFÍA DE USAR Y TIRAR HA LLEGADO A SU FIN.

¡Y ya era hora! Reutilizar un objeto significa evitar que se convierta en basura, pero también implica ahorro. Por ejemplo: en vez de tirar los botes de cristal, puedes convertirlos en portavelas. Cuantos más hagas, más bonito quedará. Podrás pintarlos para darle un toque personal: son perfectos para crear una atmósfera mágica en tus noches de verano. Y, de paso, estarás ahorrando.

Si logras completarlo = **30 €**

AHORRA A TU RITMO

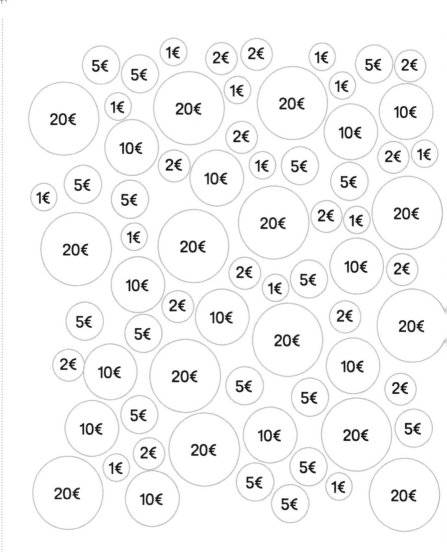

Escoge una cifra, guarda esa cantidad y colorea el círculo.
Sencillo, ¿verdad?

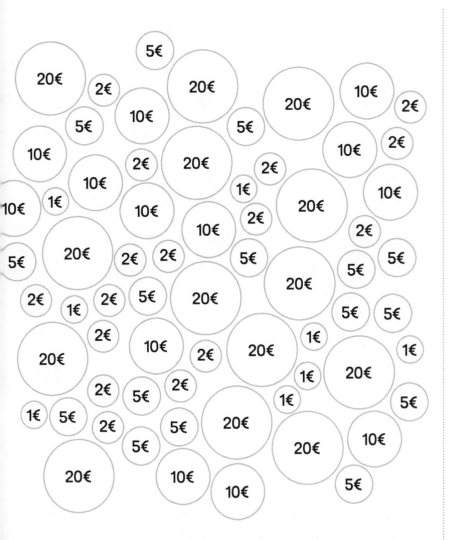

Total ahorrado = ... **€**

QUE CORRA **EL AIRE**

CADA ⚡ = **2€**   CADA 💰 = **3 €**

Ahorra cada vez que no uses el aire acondicionado. ¿Cómo? Usa las cortinas y persianas para generar más sombra, ventila la casa de modo eficiente (¡cierra cuando haga bochorno y abre cuando refresque!) e hidrátate bien con agua y con fruta fresca. Encontrarás más trucos en internet. Menos uso de energía, menos gasto: el planeta y tu bolsillo te lo agradecerán. Cada vez que lo hagas, colorea una de las ilustraciones y guarda la cantidad indicada.

Si logras completarlo = 100 €

AHORRA VENDIENDO

Para ganarte un extra, puedes vender online cualquier cosa
que ya no quieras o ya no uses. Lleva las cuentas de tus ganancias
con esta cuadrícula y guárdalas en una hucha.

OBJETO	PLATAFORMA	GANANCIAS

DESAFÍO: **SOLO AGUA**

CADA ☐ = **5 €**

Si logras completarlo = **35 €**

Durante una semana bebe solamente agua: le irá bien a tu cuerpo y también a tu bolsillo. Solo agua: nada de té, ni café, ni cerveza, ni zumo, ni licores, ni vino... ¡simplemente agua!
Por cada día que cumplas el reto, colorea una porción del vaso.
Y si le coges el gustillo, ¡no dudes en repetirlo!

Si logras completarlo = **35 €**

SOFÁ Y PELI

CADA 😊 = **10 €**

También en verano hay noches en que no apetece salir. Pero no es nada malo. Al contrario, puede ser una oportunidad genial para ahorrar: cada vez que no salgas y te quedes en casa disfrutando de una buena película o serie, guarda esta pequeña cantidad de dinero. ¡Así tendrás más cuando te apetezca salir a divertirte!

Si logras completarlo = 150 €

EL RETO
DEL TERMÓMETRO

MIS AHORROS DE VERANO

Durante todo el verano, cada miércoles comprueba
la temperatura media y convierte el número de grados en euros.
¡Ahorra con el tiempo meteorológico!

	GRADOS	EUROS
Semana 1		
Semana 2		
Semana 3		
Semana 4		
Semana 5		
Semana 6		
Semana 7		
Semana 8		
Semana 9		
Semana 10		
Semana 11		
Semana 12		
Semana 13		

LOS MALOS **HÁBITOS**

¿Tienes algún mal hábito que quieras abandonar? ¿Te gustaría dejar de fumar, de llegar tarde, de tomar comida basura...? ¿Otro? Anota aquí el dinero que gastas cada vez que hagas eso que quieres dejar. En este reto, el objetivo no es solo ahorrar, sino también mejorar tu estilo de vida.

NOMBRE:

....

MAL HÁBITO O COSTUMBRE:

....

....

....

....

....

....

....

....

....

....

....

FECHA	MULTA

LOS RETOS
MÁS AGRADABLES PARA UN
OTOÑO
DE AHORRO

....

DIVIÉRTETE GANANDO UN
MONTÓN DE DINERO

MIL EUROS
EN UN MES

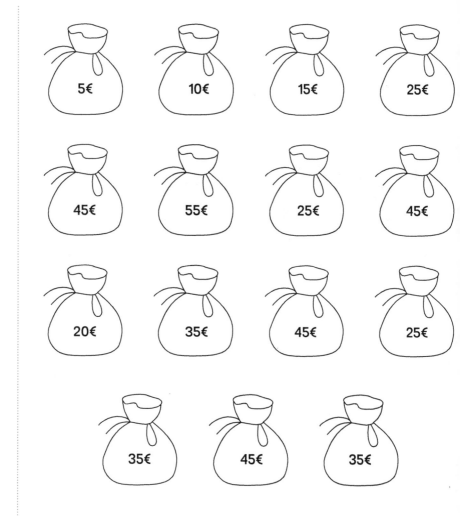

Un compromiso diario para un objetivo
de ahorro extraordinario.

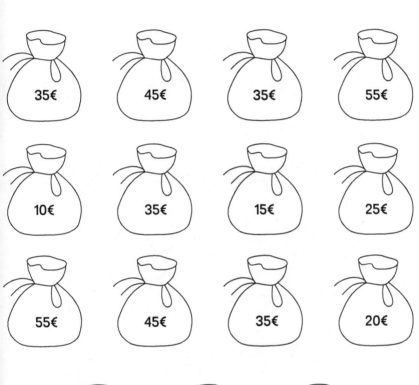

Si logras completarlo = **1.000 €**

EL RETO **DE LOS 2 €**

Vacía los bolsillos y empieza a llenar el tarro, ¡2 € cada vez!

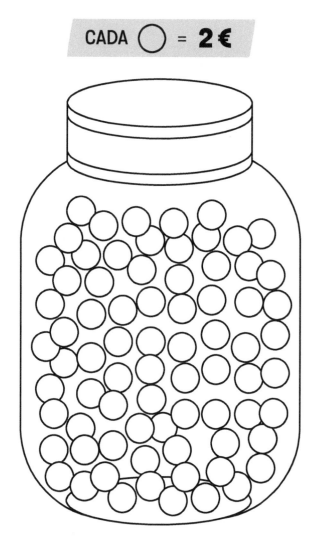

CADA ◯ = **2 €**

Si logras completarlo = 150 €

HOJAS AL **BOLSILLO**

Cuando empiecen a caer las hojas, los días que te apetezca escoge una de esta página, coloréala y ahorra.

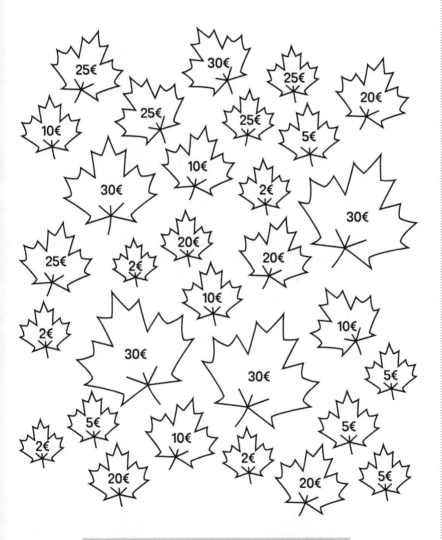

Si logras completarlo = **460 €**

EL RETO DE LOS
50 SOBRES

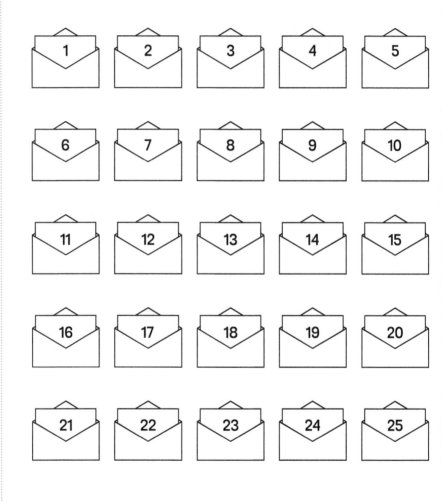

Con un sobre para cada ocasión,
¡ahorrarás más de 1.000 € sin darte cuenta!

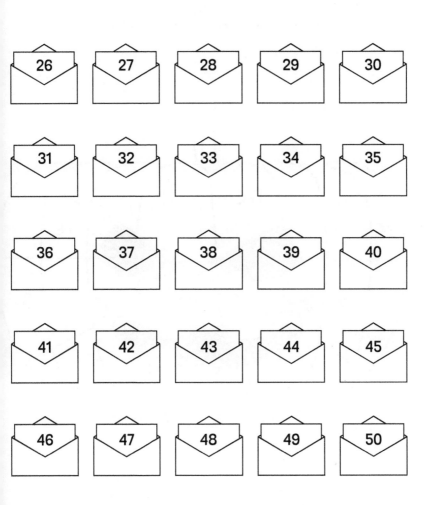

Si logras completarlo = **1.275 €**

¿QUIÉN TIENE MIEDO
AL AHORRO?

Prepárate para Halloween guardando las cantidades de estos trozos de calabaza. No puede ser tan terrorífico, ¿verdad?

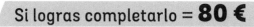

Si logras completarlo = **80 €**

AHORRO
RELÁMPAGO

CADA ⚡ = **10 €**

Si logras completarlo = **100 €**

AHORRO ENERGÉTICO

CADA 💡 = **3 €**   CADA 🎃 = **3 €**

Pasa una noche con las luces apagadas usando solo velas para iluminarte: además de ahorrar, disfrutarás de un ambiente agradable y relajado. Colorea una bombilla y una calabaza cada vez que lo hagas. ¡Las calabazas de Halloween estarán encantadas en este ambiente!

Si logras completarlo = 90 €

¿DULCES O
AHORROS?

AHORRAR PARA:

AHORRO TOTAL:

UN TOTAL DE 100 HEXÁGONOS

⬡ = ... €

10 % = ... €, COMPLETADO EL ....

20 % = ... €, COMPLETADO EL ....

30 % = ... €, COMPLETADO EL ....

40 % = ... €, COMPLETADO EL ....

50 % = ... €, COMPLETADO EL ....

60 % = ... €, COMPLETADO EL ....

70 % = ... €, COMPLETADO EL ....

80 % = ... €, COMPLETADO EL ....

90 % = ... €, COMPLETADO EL ....

100 % = ... €, COMPLETADO EL ....

Ahorra para un proyecto especial, llevando las cuentas con este panal, tal como lo haría una abeja aplicada.

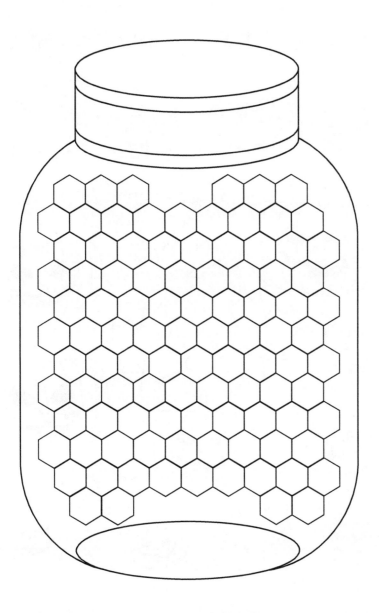

CAEN COMO HOJAS...

CADA 🎃 = **5 €**   CADA 🍁 = **10 €**

Si el dinero te dura «como las hojas de otoño en los árboles», ¡es momento de ahorrar! Discúlpenos, señor Ungaretti, pero le hemos citado por una buena razón.

Si logras completarlo = 300 €

LICENCIADO EN AHORRO

En esta estación se estudia más que nunca. Buen momento, pues, para ahorrar y disfrutar después sin preocupaciones.

Si logras completarlo = 500 €

¿QUÉ HARÁS ESTE PUENTE?

CADA 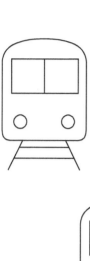 = **20 €**

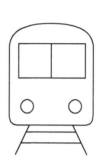 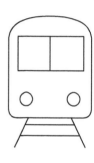

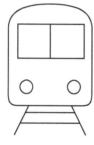 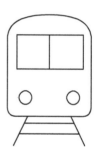

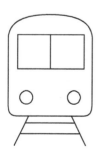 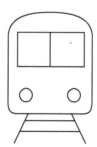 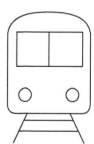

Los puentes siempre se agradecen, sobre todo si puedes hacer una escapada. Ahorra esta pequeña suma y viaja a donde te lleve el corazón... ¡o el tren!

Si logras completarlo = 300 €

DOBLE **CHECK**

CADA ✓✓ = **20 €**

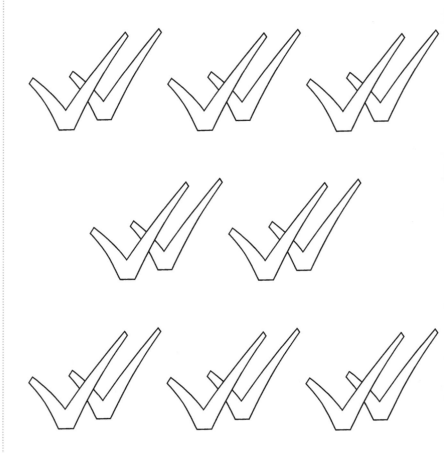

No ignores los mensajes negativos que te lleguen del banco:
¡míralos sin miedo y actúa! Pinta de azul estas marcas
de verificación y ahorra.

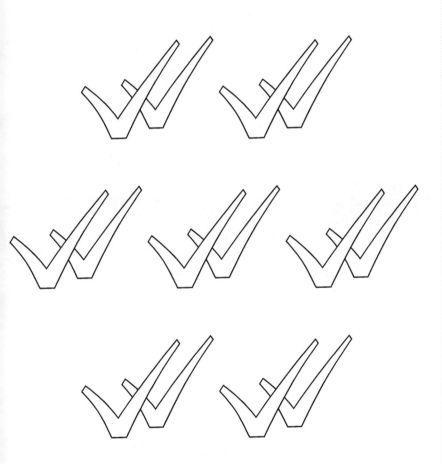

Si logras completarlo = **300 €**

LA SENDA **DEL OTOÑO**

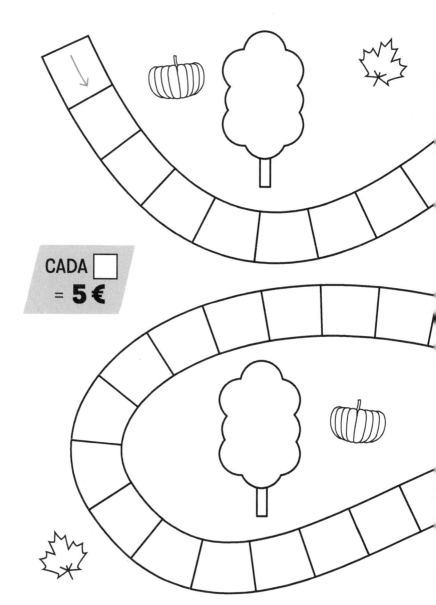

CADA ☐
= **5 €**

La Navidad aparece por el horizonte: que no te pille desprevenido.

Si logras
completarlo
= **250 €**

FONDO **DE EMERGENCIA**

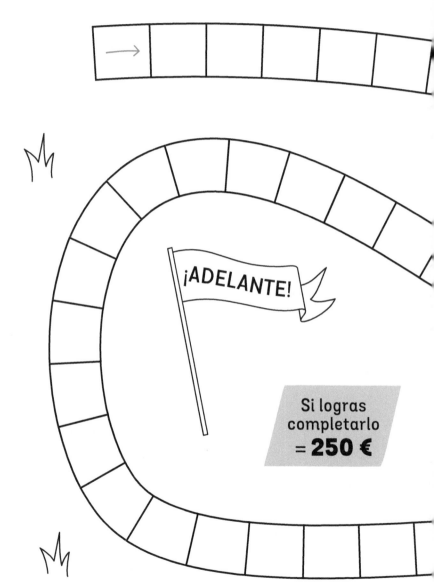

¡ADELANTE!

Si logras
completarlo
= **250 €**

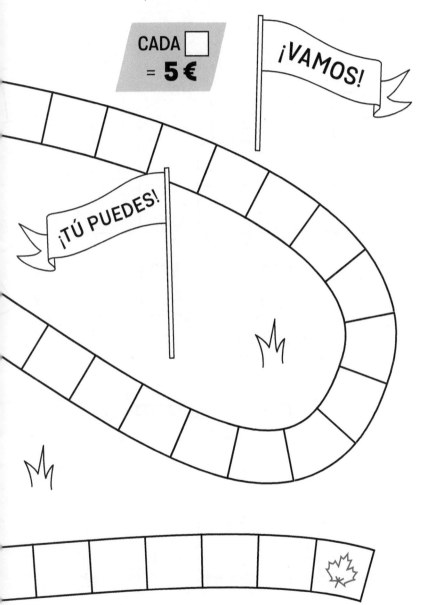

Ponte la mochila y ahorra haciendo senderismo por los colores del otoño.

CADA ☐ = 5 €

¡VAMOS!

¡TÚ PUEDES!

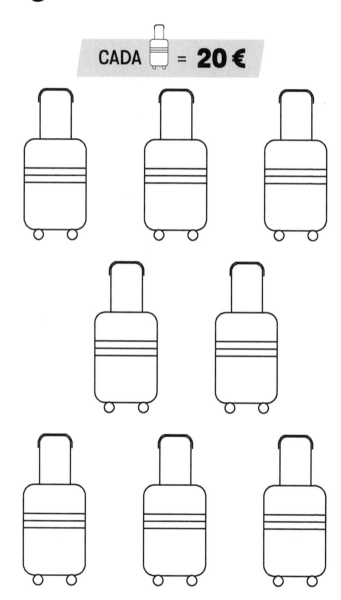

¿VAMOS DE FINDE?

¡Ahorra y vete de viaje a tu lugar favorito!

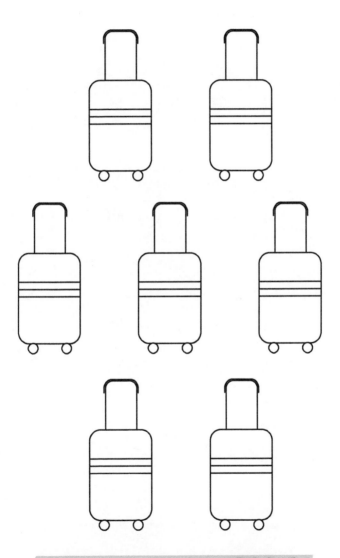

Si logras completarlo = **300 €**

181

¡STOP
CONTAMINACIÓN!

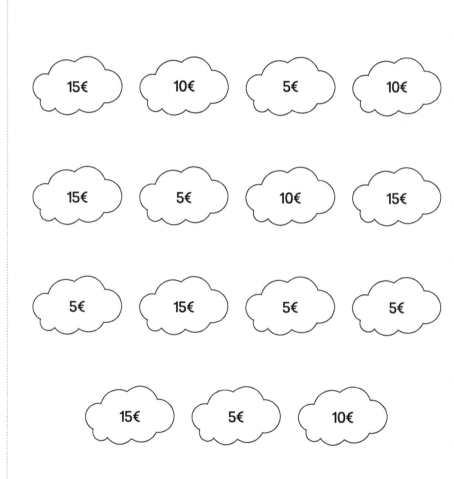

SALVA EL PLANETA Y TU CARTERA. Cada vez que no uses el coche para tus desplazamientos del día a día, guarda una cantidad pequeña de dinero. Lo agradecerás tú y también el planeta.

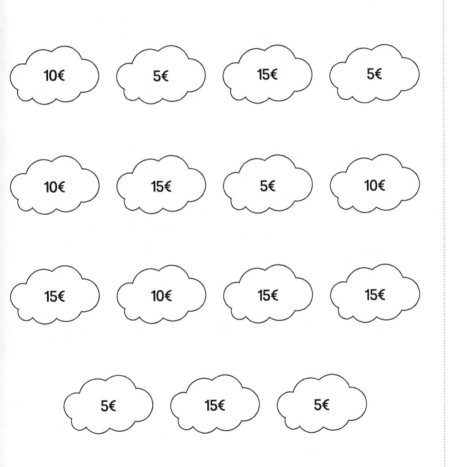

Si logras completarlo = 300 €

DESAFÍO: **NO GASTAR**

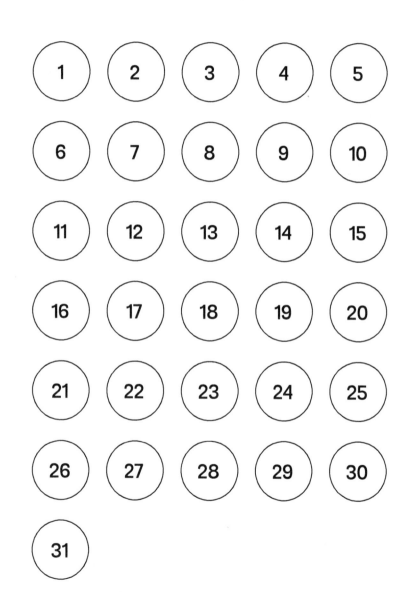

1 2 3 4 5

6 7 8 9 10

11 12 13 14 15

16 17 18 19 20

21 22 23 24 25

26 27 28 29 30

31

Elige una categoría o ámbito en el que no vayas a gastar durante un mes. Esta será una manera de eliminar algunos caprichos que no te permiten ahorrar. Pinta de verde los días en que hayas cumplido el objetivo y de color rojo aquellos en los que no.

COSAS QUE DEBES EVITAR COMPRAR:

EXCEPCIONES:

REUTILIZA **RE**GANA

CADA = **2 €**

LA FILOSOFÍA DE USAR Y TIRAR HA LLEGADO A SU FIN.

¡Y ya era hora! Reutilizar un objeto significa evitar que se convierta en basura, pero también implica ahorro. Por ejemplo: en vez de tirar los tapones de corcho de las botellas, úsalos para crear nuevos objetos. Puedes pegar con cola varios tapones en vertical hasta formar un salvamanteles de tres patas, del diámetro que prefieras. Los tapones también sirven para catalogar las plantas que estés cultivando: escribe en ellos el nombre de las semillas que hayas plantado e insértalos en la tierra usando un palillo o una brocheta de madera. ¡Cada vez que hagas esto, ahorrarás dinero!

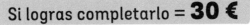

Si logras completarlo = **30 €**

AHORRA A TU RITMO

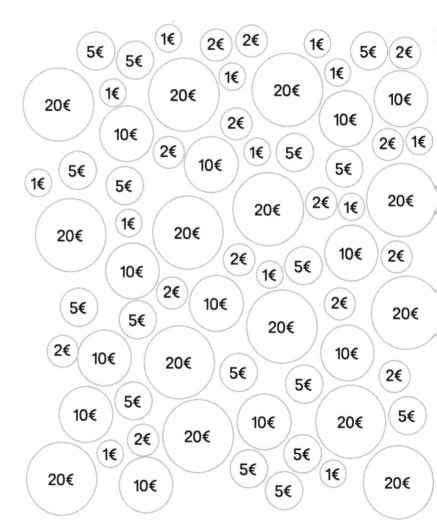

Escoge una cifra, guarda esa cantidad y colorea el círculo.
Sencillo, ¿verdad?

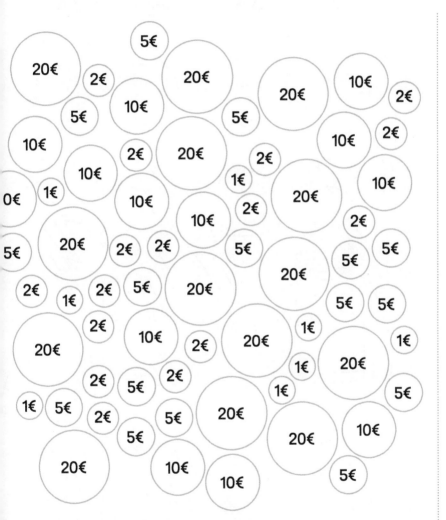

Total ahorrado = ... €

EL RETO **DEL CALORCITO**

CADA 👕 = **3 €**   CADA ⚡ = **2 €**

Ahorra dinero bajando la calefacción unos pocos grados. No superes los 20 grados; para airear la casa abre la ventana, pero no más de 10 minutos; descorre las cortinas cuando haga sol para que entre la luz y el calor; controla que no haya corrientes de aire en casa y ponte un jersey bien grueso. En internet encontrarás muchos más trucos. Menos gasto y menos contaminación: te lo agradecerá el planeta ¡y también tu bolsillo! Cada vez que lo hagas, colorea una ilustración y ahorra dinero.

Si logras completarlo = 100 €

AHORRA VENDIENDO

Para ganarte un extra, puedes vender online cualquier cosa que ya no quieras o ya no uses. Lleva las cuentas de tus ganancias con esta cuadrícula y guárdalas en una hucha.

OBJETO	PLATAFORMA	GANANCIAS

DESAFÍO: **SOLO AGUA**

CADA ☐ = **10 €**

Si logras completarlo = 70 €

Durante una semana bebe solamente agua: le irá bien
a tu cuerpo y también a tu bolsillo. Solo agua: nada de té, ni café,
ni cerveza, ni zumo, ni licores, ni vino... ¡simplemente agua!
Por cada día que cumplas el reto, colorea una porción del vaso.
Y si le coges el gustillo, ¡no dudes en repetirlo!

Si logras completarlo = **70 €**

CENITA EN CASA

CADA  = **10 €**   CADA 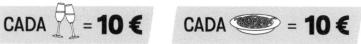 = **10 €**

Otoño es la estación del relax. También es la ocasión ideal para preparar una cena riquísima en casa, sin tener que salir ni pedir que la traigan. Cada vez que lo hagas, guarda una pizca de dinero. De este modo, dispondrás de más cuando de verdad te apetezca cenar fuera.

Si logras completarlo = 140 €

EL RETO
DEL TERMÓMETRO

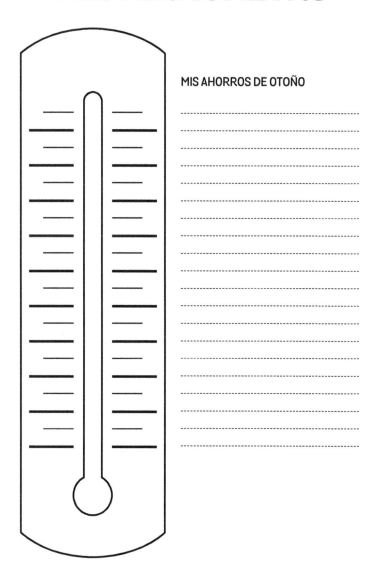

MIS AHORROS DE OTOÑO

Durante todo el otoño, cada miércoles comprueba la temperatura media y convierte el número de grados en euros.
¡Ahorra con el tiempo meteorológico!

	GRADOS	EUROS
Semana 1		
Semana 2		
Semana 3		
Semana 4		
Semana 5		
Semana 6		
Semana 7		
Semana 8		
Semana 9		
Semana 10		
Semana 11		
Semana 12		
Semana 13		

LOS MALOS **HÁBITOS**

¿Tienes algún mal hábito que quieras abandonar?
¿Te gustaría dejar de fumar, de llegar tarde, de tomar comida
basura...? ¿Otro? Anota aquí el dinero que gastas cada vez
que hagas eso que quieres dejar. En este reto, el objetivo
no es solo ahorrar, sino también mejorar tu estilo de vida.

NOMBRE:

....

MAL HÁBITO
O COSTUMBRE:

....

....

....

....

....

....

....

....

....

....

....

FECHA	MULTA

BONUS

EL RETO
ORIGINAL DE LAS
52
SEMANAS

EL RETO

ORIGINAL PARA

TODO UN AÑO

DE AHORRO

·····································

DIVIÉRTETE GANANDO UN

MONTÓN DE DINERO

EL RETO ORIGINAL
DE LAS 52 SEMANAS

El gran reto anual: cada semana guarda en la hucha la cifra correspondiente. Puedes empezar por la primera ilustración o por la última, ¡tú decides! Lo importante es que verás recompensada la constancia.

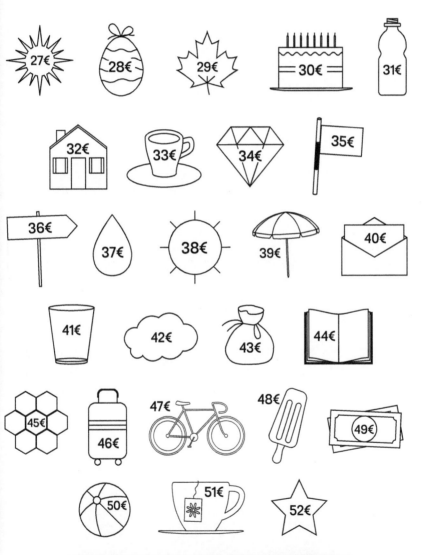

Si logras completarlo = **1.378 €**

¡GRACIAS!

Llegados al final del libro, quiero dar las gracias a todas las personas que lo han hecho posible, trabajando en el proyecto con pasión y alegría. Y, sobre todo, ¡gracias a ti por usarlo!

Gracias por la dedicación mostrada en cada reto: verás tu esfuerzo y tu compromiso recompensados. Y esto no solo te servirá para cuando quieras ahorrar, también puede ser útil para otros retos que encontramos en el día a día.

Si te ha gustado, comparte tus páginas favoritas en redes sociales: ¡llenas de color, superación y simpatía!

Esta primera edición de *Cuaderno
de ejercicios para ahorrar dinero* se terminó de imprimir
en Rotolito S.p.A. (Italia) en noviembre de 2023.